Comprender y educar con sensibilidad a los niños muy sensibles

Cómo acompañar y apoyar a tu hijo emocional en su camino y educarlo felizmente sin reñirle

Mareike Waldecker

CONTENIDO

Lo que puedes esperar de este libro

Hay muchas cosas que hay que tener en cuenta al educar a los hijos. Se les marca el rumbo de por vida. Precisamente por esta responsabilidad, educar a un hijo no siempre es una tarea fácil. Los padres saben que la fase desafiante es agotadora, pero también importante.

Cuando un niño da un estirón en su desarrollo, puede ser angustioso. Pero también en este caso sabes que es importante y que pasará. ¿Pero qué ocurre si el niño siempre es muy sensible y reacciona a las cosas con muchas emociones, teniendo quizá incluso menos control sobre sus sentimientos que otro niño? El entorno suele juzgar todo nuestro comportamiento, a menudo tras unos pocos minutos e impresiones. Es posible que a un niño muy sensible le digan que es "demasiado tímido" o "demasiado hiperactivo". Es posible que se les haya dicho desde pequeños que no están bien como son, que su personalidad no está bien. Entonces, ¿cómo pueden desarrollar una personalidad con una autoestima sana y la aceptación de su propio yo?

Como padres, no sólo podéis actuar como puente entre la sociedad y vuestro hijo, sino también darle una base de confianza y autoestima básicas.

Para crear una buena base para tu hijo, este libro ofrece algunos consejos y trucos sobre opciones de apoyo y prevención de crisis. Para reforzar fundamentalmente el entendimiento entre padres e hijo en ambas direcciones, se presenta el trasfondo teórico. Esto te permitirá comprender mejor lo que le ocurre a tu hijo, pero también explicárselo para que se comprenda a sí mismo y a ti.

Además, también debería presentarse el potencial de la alta sensibilidad, porque, en primer lugar, las emociones no tienen nada de malo y sin duda puedes encontrar formas de utilizar este potencial.

¿Qué significa alta sensibilidad?

CRITERIOS PROFESIONALES DE ALTA SENSIBILIDAD Y RESULTADOS DE INVESTIGACIÓN ACTUALES

Las personas con sensibilidad alta perciben más estímulos que las personas con sensibilidad normal, lo que también es visible en los exámenes de las áreas cerebrales. Estos estímulos superiores a la media o más intensos pueden hacer que se sientan rápidamente abrumados. En ocasiones se sienten a merced de los estímulos e indefensos ante la situación. Afecta a entre el 15 y el 20% de la población, por lo que está más extendida de lo que se piensa.

Todos absorbemos estímulos y también tenemos formas individuales de percibirlos. Sin embargo, mientras que las personas con una sensibilidad normal a veces no se dejan impresionar por un determinado nivel de estímulos, una persona altamente sensible puede haber alcanzado o incluso sobrepasado ya el límite de la sobreestimulación. La psicoterapeuta Dra. Elaine Aron acuñó el término "Persona Altamente Sensible" (PAS) en 1996. Empezó muy pronto a asesorar a personas altamente sensibles y a investigar en este campo.

La alta sensibilidad no se manifiesta de la misma manera en todos los afectados. Como sólo es una característica de nuestra personalidad, los afectados siguen siendo individuos. El hecho de que sean portadores del rasgo no define todo su carácter y personalidad.

Básicamente, las diferencias pueden clasificarse en sentir, sentir y pensar, aunque muchas personas son sensibles en varias áreas.

Las personas con sensibilidad sensorial reaccionan especialmente a los sonidos, los olores, la luz o los colores. Estas personas tienen los sentidos muy desarrollados. Esto suele traducirse en talentos en áreas creativas. Debido a las muchas impresiones sensoriales de la vida cotidiana, pueden sentirse sobrecargadas por ellas más rápidamente o ser especialmente sensibles al ruido, por ejemplo.

Por otra parte, las personas emocionalmente sensibles suelen centrarse especialmente en las relaciones interpersonales. Son especialmente compasivas y serviciales. Su reto también consiste en no sentirse abrumadas por lo que perciben a nivel emocional. Las vibraciones y las percepciones interpersonales suelen ser más extremas y más importantes para ellas que las palabras habladas.

Las personas cognitivamente sensibles tienen la necesidad de clasificar los hechos en correctos e incorrectos y de pensar en contextos complejos. Su talento suele residir en áreas científicas o técnicas. Pueden surgir problemas si su pensamiento complejo impide la comunicación en su vida cotidiana.

La mayoría de las personas con alta sensibilidad suelen llevar una vida algo retraída y son introvertidas. Sin embargo, esto no significa que no quieran relacionarse con otras personas. A menudo están tan integradas en círculos de amigos como las personas sin alta sensibilidad. Al mismo tiempo, también hay personas muy sensibles que son más extrovertidas. Estas personas a menudo no se dan cuenta todavía de que son muy sensibles. Por eso, a menudo sufren demandas excesivas que no pueden explicar.

Es importante saber e interiorizar que la alta sensibilidad no es una enfermedad ni un trastorno. Ahora se considera una predisposición, igual que el tamaño corporal o el color de los ojos. Las personas muy sensibles sólo tienen que tener cuidado en su vida cotidiana de no agobiarse, ya que esto puede ocurrirles más rápidamente. Sin embargo, la investigadora Dra. Elaine Aron ha descubierto que las personas con alta sensibilidad se ven afectadas con más frecuencia por un trastorno mental. Esto significa que deben ser mucho más conscientes de sí mismas y de sus emociones en la vida cotidiana para prevenirlo de la mejor manera posible.

CARACTERÍSTICAS ESPECIALES PARA NIÑOS

Para los niños, todos los estímulos son inicialmente nuevos y, por tanto, desafiantes. Sin embargo, un niño normalmente sensible aprende a enfrentarse a ellos rápidamente. Un niño muy sensible necesita más tiempo para hacerlo y puede sentirse abrumado por los estímulos más rápidamente. Sin embargo, también perciben estos estímulos de forma más diferenciada. Por tanto, asimilan más información, aunque sea menos importante. Como el niño absorbe tantos estímulos, tiene que realizar una evaluación mucho más esforzada.

Curiosamente, la alta sensibilidad está más aceptada socialmente en los adultos que en los niños. Para los adultos, por ejemplo, se considera concienzudo y responsable si piensas tus respuestas durante más tiempo. Con los niños, por ejemplo en la escuela, esto se ve inmediatamente de forma negativa. La conclusión habitual es que el niño no ha aprendido, es menos inteligente o menos capaz. Sin embargo, debido a su alta sensibilidad, pueden necesitar un poco más de tiempo para pensar, porque tienen que absorber y procesar muchos más estímulos que un niño normalmente sensible. Cuando los adultos son más reservados en su contacto con gente nueva, se les considera reflexivos y considerados. A los niños, en cambio, se les considera demasiado tímidos o socialmente ansiosos. La sociedad es despiadada con los niños, se les juzga muy duramente. Con los adultos, reconocemos la individualidad y la diversidad de las personas y exigimos tolerancia hacia las minorías. Con los niños, en cambio, queremos inculcar nuestra manera de hacer las cosas que nos conviene. Como los niños aún no son capaces de "controlar" tan bien sus emociones, se les considera "agotadores" o "llorones". Con los adultos, tales juicios nos parecerían ofensivos e irrespetuosos. ¿Pero no ocurre lo mismo con nuestros hijos?

Los niños con alta sensibilidad que son juzgados en un entorno poco sensible a la alta sensibilidad suelen ser considerados demasiado tímidos. Sin embargo, en situaciones de excesiva exigencia, al mismo tiempo se les considera desenfrenados en sus emociones. Sin embargo, estos juicios no reflejan realmente la personalidad o las características de la alta sensibilidad, sino que son simplemente los efectos de una forma equivocada de tratarlos. A menudo se sienten incomprendidos o no comprendidos en absoluto por quienes les rodean. Por ello, a menudo se ven a sí mismos como guerreros solitarios. Los niños todavía no tienen ninguna influencia real en sus propias vidas, sino que están determinados por los demás. Si un adulto se siente abrumado en el trabajo o en su tiempo libre debido a demasiados estímulos e impresiones, puede explicar estas circunstancias y tomarse un tiempo de descanso abandonando la sala. Un niño no puede simplemente abandonar el aula, ya que esto se consideraría desobediencia. Del mismo modo, los niños no pueden influir en los cambios si los adultos no se lo permitimos. Así que implica a tus hijos según su edad. En la infancia, nos resulta mucho más fácil influir en estas importantes características. Podemos sentar las bases para que las emociones no sean un tema tabú y nuestros hijos aprendan a aceptarse y quererse a sí mismos.

¿CÓMO PUEDO RECONOCER QUE MI HIJO ES MUY SENSIBLE?

En general, por supuesto, hay que decir que suele haber características comunes de la alta sensibilidad, pero esto no significa que todos los niños o adultos muestren todas o las mismas características. En última instancia, siguen siendo personas independientes con personalidad propia. No deben generalizarse ni definirse únicamente por esta característica.

La alta sensibilidad puede ser especialmente evidente en las experiencias sensoriales de los niños. Pueden ser más sensibles en el sentido del tacto, el sentido del equilibrio, el sentido de la vista, el sentido del oído, el sentido del gusto y/o el sentido del olfato. Si observas un número especialmente elevado de ejemplos en tu hijo, esto puede indicar alta sensibilidad.

Ejemplos de anomalías sensibles:

Sentido del tacto: sensible a ciertos materiales, a tocar a otros, a tener las manos y la cara sucias, a fuertes fluctuaciones de temperatura

Equilibrio: sensible a los movimientos rápidos, actividades sin contacto con el suelo; evitación de la posición prona cuando era bebé; omisión del gateo y la reptación; ansiedad durante el movimiento

Sentido de la vista, sentido del oído: sensible a ruidos y movimientos incluso en la infancia; sobrecargado al ver la televisión; distraído por ruidos y colores brillantes; buena percepción de ruidos muy silenciosos.

Sentido del gusto y del olfato: sensible a los olores y sabores intensos, a la temperatura de la comida, al dióxido de carbono, a la consistencia blanda; "comedor quisquilloso".

También sería un comportamiento llamativo si a tu hijo no le gustan los cambios y siempre le interesan los mismos juguetes. Esto se refiere a un nivel superior a la media, es decir, no puede emocionarse ni distraerse con algo nuevo. No sólo las cosas nuevas suelen provocar ansiedad. ¿Tu hijo suele jugar solo, se siente inseguro en grupos y reacciona con llanto o agresividad? Éstas también pueden ser señales. Sin embargo, la alta sensibilidad también tiene muchas características estupendas, como la capacidad de reflexión, la empatía, la concienciación y muchas más.

Esta sensibilidad especial suele afectar no sólo al mundo emocional, sino también al corporal. Puede reaccionar de forma más sensible al tacto y, según las investigaciones actuales, también tiene una mayor probabilidad de sufrir alergias.

No tienes por qué darte cuenta enseguida de que alguien es muy sensible; hay afectados cuyo mundo emocional es especialmente fuerte en el interior, pero que dan una impresión muy introvertida en el exterior.

Si sospechas que tu hijo es muy sensible, ahora existen varios tests en línea creados por científicos. Sin embargo, siempre hay que tener cuidado en este caso, ya que se trata, por supuesto, de un autodiagnóstico. Como no se trata de una enfermedad o trastorno, en general no es peligroso realizar estas pruebas. Sin embargo, los trastornos mentales, etc., a veces tienen síntomas similares y pueden pasar desapercibidos. Por tanto, es aconsejable consultar a un terapeuta si sospechas que tienes un trastorno. También hay que tener en cuenta que, en principio, no es necesario ningún examen si no hay malestar psicológico.

ASPECTOS POSITIVOS DE LA ALTA SENSIBILIDAD: ¿ES TODO CUESTIÓN DE PERSPECTIVA?

La constatación científica de que la alta sensibilidad no es una enfermedad ni un trastorno facilita que se arroje luz sobre los aspectos positivos. Las características de la alta sensibilidad incluyen una gran capacidad de empatía, la capacidad de reflexión, la concienciación y la exigencia consigo mismo. Si observas estas características y no hablas de ellas en el contexto de la alta sensibilidad, no supondrás que son rasgos negativos. Y eso es exactamente de lo que estamos hablando aquí.

Una persona altamente sensible, ya sea niño o adulto, suele poseer estas grandes cualidades y muchas más que nosotros o nuestra sociedad incluso catalogaríamos como positivas. Por supuesto, suelen ser más pronunciadas en las personas altamente sensibles y esto hace que a veces resulte abrumador, sobre todo para los afectados, pero estas características también pueden considerarse potenciales y positivas. Que algo o alguien se desvíe de la "norma" no significa necesariamente que sea malo. La vida cotidiana puede ser difícil para la persona afectada, pero con práctica y, sobre todo, con un cambio de perspectiva, esto puede verse como una oportunidad increíble. Sobre todo, es importante no acercarse a ellos con la idea de que están enfermos. En principio, quieren que se les trate igual que a los demás y, sobre todo, que no se les mire con lástima ni no se les tome en serio.

Como las personas con alta sensibilidad suelen tener una gran capacidad de reflexión, no sólo pueden evaluar bien sus pensamientos y acciones, sino también influir en ellos. Y es precisamente de ahí de donde puede surgir una fortaleza particular. Muchas personas pasan años trabajando en su desarrollo personal para conseguir esta fortaleza concreta y aún así les resulta difícil.

Sin embargo, con este potencial es importante que no haya presión interna para rendir. Siempre es importante estar bien tal y como se está en ese momento. La capacidad de reflexión permite una evaluación buena y realista de la propia personalidad y acciones, por lo que no hay que ser excesivamente autocrítico. Confiar en que puedes evaluar las cosas correctamente es importante si quieres estar contento contigo mismo a largo plazo y aceptarte tal como eres. Y eso también significa que no todos los días son iguales, y no pasa nada.

Las comparaciones con otros niños aumentan la presión para conformarse y la sensación de no ser lo bastante bueno. Por tanto, intenta dar a tu hijo la sensación de que siempre está bien ser como es. Aunque lo des por sentado, a menudo pasa a un segundo plano en nuestra ajetreada vida cotidiana. Y los niños muy sensibles, en particular, lo perciben y tienen una mayor necesidad de ello.

¿Qué necesita mi hijo de mí?

EL AMOR INCONDICIONAL Y LA COMUNICACIÓN COMO BASE

¿Qué significa amor incondicional?

El amor de un padre no debe estar ligado a ninguna condición, debe ser incondicional. Nutre todo nuestro camino por la vida. Puede determinar nuestras relaciones futuras, pero también puede crear un entorno de aprendizaje adecuado en la infancia y la primera niñez.

En última instancia, queremos confiar en que nuestros padres siempre estarán ahí cuando los necesitemos. Básicamente como nuestra base a la que siempre podemos volver, en un espacio libre de valores.

Básicamente, tu hijo te necesita ante todo como padre. Por el mero hecho de estar ahí, ya estás haciendo muchas cosas bien. Aquí lo importante es la calidad más que la cantidad. No estés sólo físicamente, sino también mentalmente y, sobre todo, con el corazón. Tu bebé o niño percibirá cuando no sea así. Asumiendo que todos los padres quieren a su hijo y desean lo mejor para él, la actitud básica del cuidador principal es crucial. Envías mensajes a tu hijo, quieras o no, lo digas o no. Los niños se dan cuenta muy pronto de si el amor y la aceptación están ligados a condiciones o si les aceptamos incondicionalmente. Frases como "Si eres bueno..." o "Si eres simpático..." no sugieren amor incondicional, sino que el niño debe comportarse adecuadamente para recibir tu aprobación.

Un niño muy sensible suele tener la sensación de estar fuera de lugar y de ser diferente a los demás. Como padres, debéis intentar contrarrestarlo. Deben sentir que, pase lo que pase o se sientan como se sientan, sus padres siempre están ahí y no les juzgarán. Un niño muy sensible, en particular, percibe cuando deseas que sea diferente, aunque no se lo digas. Puedes crear la base de la confianza posterior en la infancia y la niñez.

Es importante decir en este punto que este amor y aceptación incondicionales no tienen nada que ver con la malcriadez o la falta de coherencia.

Habla con tu hijo y escúchale. Mediante una comunicación abierta, puedes aprender mucho de tu hijo sobre lo que necesita. Sin embargo, trátale como a un niño y sólo espera de él que tome decisiones que no le sobrecarguen. Estate ahí cuando te necesiten y tómatelo en serio. Si te necesitan como padre en una situación de crisis, estate ahí.

Tómate en serio las emociones e intenta no tranquilizar, sino consolar. Tranquilizar crea la impresión de que los sentimientos deben desaparecer rápidamente y "No es tan malo..." o "No tienes por qué tener miedo...". Consolar, en cambio, significa simplemente estar ahí y absorber las emociones "Estoy aquí, no pasa nada porque estés triste. No estás sola...".

El pilar básico debería ser una relación de confianza entre tu hijo y tú. Esto no siempre es fácil y, como padre, a menudo recibes poca retroalimentación y reconocimiento. Un niño normalmente sensible suele poder ser tranquilizado por sus padres, que le dicen que está haciendo un buen trabajo y adquiere más confianza. Un niño muy sensible no suele ser tan fácil de tranquilizar y, por tanto, carece de la seguridad de que está haciendo lo correcto. Esta inseguridad suele contribuir también a una peor relación con tu hijo. Así que ten confianza en lo que haces. Escucha tu instinto.

Un niño muy sensible necesitará inicialmente mucha atención y estímulo. Sin embargo, si vives con la predisposición de la "alta sensibilidad" y simplemente permites que forme parte de tu vida, entonces no sólo tú, sino también tu hijo, seréis capaces de reconocer su potencial especial. Reconoce y acepta las necesidades especiales e invierte en el futuro.

Sé sensible a las necesidades de tu hijo, pero también a las tuyas. Tu hijo se beneficiará de mucha cercanía física, seguridad y calma, lo cual es tranquilizador. La vida cotidiana puede ser muy agotadora y agotadora para tu hijo, pero también para ti. Tómate descansos para recargar las pilas. Y si eso significa dejar las tareas domésticas para hacerlas durante la siesta, que así sea. Y no pasa nada. Establece las prioridades adecuadas para ti. No es bueno ni para ti ni para tu hijo que estés exhausta y agotada.

Recuerda siempre que tú eres quien mejor conoce a tu hijo. Escucha tu intuición, tu instinto. Un guía sólo es un medio para darte sugerencias. Tienes que hacer las cosas a tu manera, porque tu hijo también notará si no estás siendo auténtica y será aún más estresante para ti. Y si realmente sientes que necesitas el consejo de un experto, no tengas miedo de pedir ayuda.

¿Cómo funciona la comunicación comprensiva?

La comunicación suele ser la clave de muchas cosas. Tenemos que preguntarnos cómo queremos hablar e interactuar con nuestros hijos. Piensa en lo que las regañinas y los gritos provocan en ti y en lo que esto debe provocar en un niño pequeño al que su cuidador está gritando.

Los científicos también han descubierto que no conseguimos que nuestros hijos cambien de comportamiento gritándoles y regañándoles, al menos no a largo plazo. En algunos casos, incluso se considera una forma de violencia psicológica. También queremos que nuestros hijos se conviertan en personas seguras de sí mismas y fuertes. ¿Cómo te gustaría que te hablaran y te trataran? Puedes preguntártelo una y otra vez.

En comunicación, el término escucha activa se utiliza una y otra vez. Al escuchar activamente, también estás indicando "te comprendo y me estoy tomando activamente el tiempo para estar contigo ahora...". Esto también funciona en una situación de crisis, es decir, cuando tu hijo llora desesperadamente. Intenta aceptarlo y soportarlo por el momento. Esto demuestra que esos sentimientos están bien. Esto no significa que debas sentarte delante de tu hijo y verle llorar. La cuestión es que primero permitas que ocurra y no quieras calmarlo inmediatamente y encontrar una solución. Vuelve a leer en el capítulo anterior la diferencia entre calmar y consolar, porque es posible que el niño ni siquiera sepa lo que está pasando y no pueda darte una respuesta. Refleja lo que percibes "Pareces triste, ¿verdad?" o "Estás muy enfadado ahora, ¿verdad?". El niño te hará saber si tienes razón. Expresa tus sospechas, aunque no estés seguro. Esto le hace saber a tu hijo que estás preocupado. Si se necesita una solución, se puede buscar una al cabo de poco tiempo. A veces, sin embargo, también basta con que el niño se deshaga de sus emociones y que el cuidador simplemente las capte y las comprenda. Hay una cantidad increíble de literatura especializada sobre la escucha activa a la que se puede acceder fácilmente. Merece la pena seguir leyendo. El uso de la comunicación no violenta también puede ser útil. Requiere cierta práctica, pero incluso partes de ella pueden servir de apoyo. Puedes encontrar más información sobre esto en Internet o en un centro de asesoramiento. Puedes aprender a reconocer mejor las necesidades y los miedos y a aceptarlos. También puedes encontrar muchos ejercicios y explicaciones en Internet.

Así que ahora el niño está llorando y gritando y tú estás enfadado y estresado porque ha hecho algo malo. ¿Cómo reaccionas?

Acepta el enfado y la tristeza y señala esto: "Noto que estás enfadado o triste en este momento...". Puedes seguir consolándoles. Pero luego explícale en forma de mensaje Yo lo que te ha disgustado: "Me he disgustado porque hemos llegado a un acuerdo y no lo has cumplido...". Esto no es lo mismo que "No lo has vuelto a hacer...".

Sin embargo, esto sólo funciona si el niño está en un estado receptivo. Si la situación se ha agravado hasta tal punto que tu hijo intenta ejercer poder o algo similar (pegar, insultar, etc.), es necesario establecer límites claros. Puede haber una consecuencia, pero nunca debe consistir en retirar el amor o la atención. Esto contradice el amor incondicional. La consecuencia debe elegirse con cuidado y no debe correr el riesgo de traumatizar a un niño muy sensible. En su libro "El niño altamente sensible", la Dra. Elaine Aron explica que los niños altamente sensibles, en particular, responden mejor al lenguaje positivo que a los castigos o amenazas. Pone el ejemplo de "¡Si no te vas a la cama enseguida, no habrá más cuento!" para que lo reformules así: "¡Si vienes ahora, aún tendremos tiempo para un cuento!". Si aplicas esto a más situaciones, podrás crear una vida familiar más armoniosa, sin amenazas y con pocos castigos. También aquí puedes ver que la comunicación correcta puede ser la clave.

Intenta explicar a tu hijo lo que ocurre en su interior y por qué también puede tener más dificultades para socializar con otros niños. Los niños sienten que son diferentes y no pueden entender por qué a otros niños les resulta tan fácil enfrentarse a sus retos. En la primera infancia, puedes actuar como puente entre tu hijo y otros niños. Establece una conexión para reducir este enorme umbral de inhibición, porque esta interacción con los iguales es enormemente importante y valiosa. La integración en un grupo de iguales crea aceptación, así como un sentimiento de pertenencia.

En la guardería o en la escuela, lo más importante probablemente sea tener las primeras experiencias sin los padres. Aunque a los padres les resulte especialmente difícil desprenderse, es esencial permitir que los niños experimenten cosas por sí mismos y desarrollen una amplia gama de habilidades. Cuando se trate de situaciones nuevas y desconocidas, prepara bien a tu hijo. Explícale lo que sabes sobre ellas o investigad juntos. Repasad escenarios fáciles de lo que podría ocurrir (¡nada de escenarios malos!). Tal vez podáis echar un vistazo al nuevo colegio desde fuera antes, durante un paseo, y considerar si algún amigo de la guardería se incorporará a la clase. Estate allí, capta las emociones y coméntalas. Al mismo tiempo, podéis pensar juntos qué situaciones nuevas domina ya tu hijo. Si surge una situación nueva, es bueno que el resto de rituales y estructuras no cambien y que sólo cambie esta situación, para evitar una posible situación de agobio.

En general, tiene sentido animar a tu hijo a pensar libre y creativamente. Deja que tu hijo sugiera lo que le gustaría hacer. Así podréis practicar juntos cómo hacer que las situaciones nuevas le den menos miedo. Lo mejor es que las ideas surjan de tu hijo y tú le apoyes en la realización y el proceso. Esto llegará gradualmente, pero el viaje es la recompensa. Mantente siempre en contacto.

TODO ESTÁ EN LA MEZCLA: POR QUÉ UNA ESTRUCTURA DIARIA ESTABLE ES IMPORTANTE, PERO NO SIEMPRE ES LO CORRECTO

A menudo existe una delgada línea entre las normas, una estructura diaria fija y la autodeterminación del niño. Hay muchas ventajas para ambas partes. Por eso, a primera vista, parecen excluirse mutuamente. Pero puedes combinarlas o simplemente encontrar una buena mezcla.

Las estructuras son importantes para todos los niños. Unas normas fijas y una estructura diaria ofrecen al niño una acogedora sensación de seguridad. Saben exactamente lo que les espera y no necesitan tener miedo a lo desconocido. Les ofrece espacio para probar cosas y encontrarse a sí mismos. Esta seguridad es aún más importante para los niños muy sensibles. Muchas cosas de la vida cotidiana conducen a exigencias excesivas y sobreestimulación, tienen que adaptarse constantemente a cosas nuevas y siempre perciben muchos más estímulos que un niño normalmente sensible.

Una rutina diaria regular, que suele existir de todos modos debido al trabajo y la guardería, etc., es la mitad de la batalla. Los rituales regulares y las normas establecidas conjuntamente pueden ser un buen complemento. Asigna a tu hijo tareas propias, adecuadas a su edad, y no le exijas demasiado. Esto aumentará enormemente su confianza en sí mismo. Puedes hacer que sea su trabajo y darle responsabilidades.

A pesar de la rutina diaria regulada y de las normas, es importante crear suficiente espacio para la individualidad y el retiro de cada uno.

Probablemente lo mejor sea elaborar juntos un horario diario, en el que todos puedan expresar sus necesidades y deseos. Juntos, en familia, podemos decidir qué deseos pueden incorporarse y cómo debe organizarse la rutina diaria. Así, todos tienen la sensación de que pueden opinar y experimentan un cierto grado de autoeficacia. Se dan cuenta de que se les escucha cuando expresan sus deseos y de que éstos también son importantes. Expresando sus necesidades, pueden influir en su situación.

No todo debe planificarse de antemano, sobre todo el fin de semana. Sobre todo aquí, también debe haber tiempo suficiente para el descanso familiar y para cada miembro de la familia individualmente. Si se planifican cosas especiales, como viajes, reuniones con otras familias, etc., intenta asegurar los mismos horarios de comida y descanso. Estos días también pueden planificarse juntos. Hablar de los posibles retos también puede ayudar a prepararse para ellos. Sin embargo, debes asegurarte de que no presentas escenarios de terror, sino que abordas las emociones que pueden ser inminentes y consideras cómo afrontarlas.

Si en la vida cotidiana notas que has planificado un tema de más y tu hijo se siente abrumado, considera si la situación te permite sustituir el tema por otro de relajación. También puede tratarse de un día normal y de un elemento regular completamente normal de tu programa. Sin embargo, cada día es diferente y no todos nos sentimos siempre igual. Intenta actuar según la situación, si puedes.

EVITA LA SOBREESTIMULACIÓN Y CREA ESPACIOS PARA LA RELAJACIÓN

Las personas con alta sensibilidad experimentan sus emociones, toda su vida emocional, con especial intensidad. Esto puede ser muy estresante. Las emociones nos acompañan a lo largo de nuestra vida cotidiana. Cada acción está vinculada a una emoción o desencadena una. Un día esto puede ser soportable y otro puede ser un motivo de sobreestimulación, una exigencia excesiva.

Los niños, en particular, aprenden algo nuevo cada día. Eso por sí solo puede ser agotador. Si a esto se añaden muchos estímulos con emociones extremas, se puede llegar aún más rápidamente a una exigencia excesiva. Todos nos sentimos a veces abrumados o desbordados por nuestras emociones. Sin embargo, las personas muy sensibles experimentan este estado mucho antes. Por tanto, hay que planificar momentos en la rutina diaria que puedan dedicarse a la relajación y el descanso.

Como no siempre podemos influir en las situaciones de sobreestimulación, es importante afrontar la tensión emocional en los momentos de calma y desarrollar estrategias conjuntamente. Estrategias que sirvan para relajarse y evitar esa sobreestimulación. Hay que probarlas y practicarlas; es muy probable que no funcionen a la primera.

Trabajad juntos estas estrategias de forma lúdica. Para los niños más pequeños, por ejemplo, se puede construir una pequeña cueva a la que el niño pueda retirarse solo. Los viajes imaginarios también pueden contribuir a la relajación.

¿Pero cómo reconozco la sobreexcitación? El límite suele ser fluido y no siempre claramente reconocible, y puede ser diferente cada día. ¿Tu hijo ya no te responde, evita tu mirada? ¿Tienes la sensación de que sus reacciones no se ajustan a la situación, como gritar, llorar, morder, etc.? Otros signos pueden ser de naturaleza física, por ejemplo, temblor en todo el cuerpo, sudoración o mareo. Tu hijo puede estar experimentando una avalancha de pensamientos y emociones extremas. En este caso, intenta sacar a tu hijo de la situación y tranquilizarle estrechándole contra tu cuerpo, si te lo permite. Muéstrale que estás ahí y que no tiene por qué pasar por esto solo. Habla despacio y en un tono tranquilizador. Fíjate en si tu hijo te está escuchando realmente en ese momento; si no, abrázalo. Las habitaciones con luz tenue o la naturaleza también tienen un efecto tranquilizador. Los niños primero tienen que aprender a enfrentarse a las emociones y más aún a sentimientos tan extremos. El niño se siente impotente y a merced de sus sentimientos. Dales siempre la sensación de que les comprendes. Esto transmite aprecio.

Si a menudo te sientes impotente en estas situaciones, es señal de que debes buscar apoyo. No tienes que agonizar, puedes hacerte la vida más fácil. Y el niño se da cuenta cuando los padres están desbordados.

Para evitar esta sobreexcitación, presta atención a las señales de alarma de la sobreexcitación. Tú conoces a tu hijo, eres el más indicado para reconocer los cambios.

Insiste también en la atención y la calidad de tu dieta. El nivel de azúcar en sangre debe mantenerse constante, lo que es especialmente posible con una dieta sana y saludable. Evita muchos dulces, sobre todo por la noche. Para que tu hijo pueda concentrarse bien, debe desayunar y seguir un horario regular de comidas. El hambre extrema también puede llevar a comer en exceso.

Cuando planifiquéis juntos vuestra rutina diaria, asegúrate de que tu hijo duerme en una habitación sin medios de comunicación, preferiblemente a oscuras.

En general, el consumo de medios de comunicación debe mantenerse lo más bajo posible a lo largo del día. La televisión, el ordenador, la radio y, sobre todo, el teléfono móvil son especialmente estimulantes.

También puede ayudarte si diseñas tu entorno vital para que sea relativamente bajo en estímulos, es decir, utiliza pocos adornos y colores terrosos.

Trabaja regularmente para permitir que surjan emociones y pensamientos y abordarlos, de modo que no se conviertan en un tema tabú. No deben ser el centro de atención del día, pero deben reconocerse. Dale a tu hijo la sensación de que está bien sentir lo que siente y habla de tus sentimientos. Ofrécete siempre a hablar de ellos, pero no le presiones.

Puede ser necesario un apoyo profesional para hablar de las emociones y las estrategias. Así también es posible afrontar mejor estas emociones fuertes a largo plazo.

Científicos estadounidenses han descubierto que los niños muy sensibles son más resistentes y menos propensos a demandas excesivas si han pasado tiempo con un cuidador atento previamente, lo que se debe a la liberación de hormonas del estrés. El mensajero químico cortisol garantiza que tú, como padre o madre, por ejemplo, puedas aguantar a tu hijo incluso durante fases muy estresantes. Especialmente cuando recuerdas las muchas noches sin dormir, a veces te preguntas retrospectivamente cómo lo conseguiste. Sin embargo, un aumento de la concentración de cortisol durante un periodo de tiempo prolongado no es saludable. Hay que reconocer la privación de sueño a largo plazo o una perspectiva que ya no se centra en nuestras necesidades como padres, sino sólo en las de los hijos. Las personas muy sensibles también alcanzan este estado con valores elevados mucho más rápidamente. La mejor forma de bajar el valor es con sueño profundo, baños de bosque, descanso, mimos o actividades creativas.

POR QUÉ PEDIR APOYO NO DEMUESTRA DEBILIDAD

Criar a un niño muy sensible es un reto increíble. ¿Sientes que no puedes hacerlo sola? No tienes por qué. Date cuenta de que estás haciendo un gran trabajo cada día. No te avergüences de ello ni sientas que estás fracasando si pides apoyo. Todos alcanzamos nuestros límites de vez en cuando, independientemente del contexto. De hecho, es normal que no podamos hacerlo todo.

Y en muchos ámbitos también es normal y fácil pedir ayuda. Al fin y al cabo, si te atascas con tareas manuales, puedes llamar a un profesional sin sentir que estás fracasando. E incluso si eres superbuena en la crianza, no pasa nada por pedir ayuda o consejo a un experto, porque el ejemplo de la artesanía tiene una ventaja: no implica situaciones emocionalmente cargadas en las que siempre tengo que dar un poco de mí para conseguir algo. Considera a tu hijo como una "tarea especial" y no como un castigo si te parece un poco más difícil. Al fin y al cabo, para eso está el apoyo. Si muchos padres no lo necesitaran, no habría servicios de asesoramiento, etc.

Para algunas situaciones, basta con obtener inspiración de un consejero o valor de una persona de confianza. A veces, sin embargo, esto no es suficiente y entonces sé sincero contigo mismo y con tu hijo.

A veces basta con que un tercero no implicado y sin prejuicios emocionales ofrezca un poco de ayuda. A menudo esto no tiene nada que ver contigo ni con tu experiencia.

Empieza por buscar apoyo en un umbral bajo. Piensa en quién puedes confiar para que te ayude. Los foros online y la literatura especializada también pueden ayudarte a dar el primer paso y a rebajar tus inhibiciones. En los foros online, por supuesto, debes tener cuidado con los conocimientos que no sean científicamente sólidos, pero pueden crear una forma de solidaridad y la sensación de que estás sola en esta situación se debilita. A menudo, el cúmulo de tareas y responsabilidades es también la principal razón para sentirse abrumado. Ya no sabes dónde tienes la cabeza y no puedes pensar con claridad. Así que crea una red privada que pueda apoyarte. Puede tratarse de abuelos, amigos o canguros. Pedir apoyo y ayuda no siempre significa que no sepas qué hacer o que necesites consejo. A veces es demasiado y necesitamos un tiempo de descanso.

Sin embargo, la ayuda privada de bajo umbral no suele ser suficiente.

En muchos lugares, hay centros de asesoramiento no vinculante que están familiarizados con el tema. Los servicios tradicionales de asesoramiento sobre crianza y educación también suelen ser un buen lugar al que acudir. Para un apoyo a más largo plazo, sobre todo en relación con el estrés psicológico, sería útil el asesoramiento terapéutico. El asesoramiento puede ser para tu hijo, pero también para ti. Los niños notan cuando sus padres están agobiados o ya no pueden calmarse debido al estrés. Por tanto, tiene sentido ocuparse de restablecer esta calma y relajación. De lo contrario, se convierte en un círculo vicioso. El niño llora y, en un momento dado, tú te estresas y no sabes qué hacer. Transmites el estrés y la ansiedad a tu hijo y él se siente solo y quizá incluso culpable de que tú estés estresada por su culpa. Esto significa que el niño no se tranquiliza. En estos casos, sin duda sería aconsejable que interviniera una tercera persona no implicada. Los terapeutas ocupacionales pueden darte consejos o ayudarte con actividades u opciones de apoyo.

El asesoramiento también puede servirte de apoyo mostrándote opciones de apoyo en la guardería o en la escuela. Consejos que luego puedes aplicar también en la guardería. En cuanto a la escuela, por ejemplo, también existe la opción de aprender a tu ritmo en una escuela Montessori o Waldorf. Infórmate a tiempo de las opciones, también en lo que respecta a la elección de la escuela. Con un poco de suerte, puede que en la guardería haya padres que ya tengan hijos escolarizados y, por tanto, tengan una gran experiencia. También puedes informarte en foros y sitios web de Internet.

A la hora de elegir un centro de secundaria, es conveniente un centro con una especialización que se ajuste a los intereses de tu hijo. Esto no significa que tenga que recibir mucho apoyo en este ámbito, pero es probable que haya niños en la clase con intereses similares. Sobre todo, esto fomenta la interacción social y la cohesión de la clase. Es importante que se cree un entorno de aprendizaje positivo y que tu hijo se sienta cómodo.

Es fácil encontrar grandes proyectos e iniciativas. Ahora hay programas que se centran en la individualidad de los niños. Por ejemplo, está muy extendido el proyecto "Schule im Aufbruch", que pretende desarrollar el potencial de los niños y fomentar su entusiasmo innato.

Ahora hay muchas escuelas que trabajan según la pedagogía Montessori y también están muy extendidas. El objetivo principal es que los niños aprendan a su propio ritmo y según sus intereses. Sobre todo, fomentan la motivación intrínseca de los propios niños y pretenden evitar los castigos y los premios. El lema es la conocida frase "Ayúdame a hacerlo yo mismo".

Involucra a tu hijo en la decisión, pero no le des la sensación de que tiene que tomar la decisión y cargar solo con la responsabilidad.

OPCIONES DE APOYO PROFESIO-NAL

Si el apoyo privado ya no es suficiente o tú o tu hijo necesitáis una nueva inspiración, no tengas miedo de buscar apoyo profesional.

Los expertos recomiendan sobre todo métodos centrados en el cuerpo que te permitan sentir tu propio cuerpo. Podría tratarse de terapia ocupacional o psicoterapia basada en el cuerpo, pero el yoga o el shiatsu también pueden ser útiles en este caso. Las terapias que no se reducen al lenguaje y no ponen tanta tensión en nuestra mente pueden tener un efecto especialmente aliviador. Los afectados que han probado el shiatsu o terapias similares lo describen como unas vacaciones de sus propios pensamientos y emociones, porque pueden desprenderse de ellos durante un breve momento.

Al mismo tiempo, estos métodos transmiten una forma de estar más atento a uno mismo y a su cuerpo y desarrollan un tipo especial de autoaceptación que puede percibirse como un alivio. Como el estado de relajación suele ser difícil de alcanzar para las personas muy sensibles, estas experiencias son muy valiosas. A pesar de su acusada sensibilidad, los afectados no suelen ser tan indulgentes y conscientes de sí mismos como lo son de los demás.

Lo sorprendente es que no es necesario que el asesor o terapeuta conozca la biografía del cliente o sus técnicas de conversación, y la persona afectada sigue sintiéndose comprendida. Describen una sensación de "llegar". Las personas muy sensibles no suelen sentirse comprendidas por otras personas. Aunque intenten visualizar su percepción en detalle, una persona normalmente sensible apenas puede entenderla. Por eso, bastantes intentos de terapia se cancelan al cabo de un tiempo. La sensación de estar "equivocado" o al menos de ser "diferente" a los demás, y por tanto la falta de autoaceptación, suele ser una de las principales razones para intentar la terapia. En la meritocracia actual, a menudo no hay tiempo para reconocer conscientemente las emociones y tomarse un descanso consciente. Los afectados sienten esto muy pronto. El difícil camino hacia la autoaceptación puede acompañarse de un psicoterapeuta si es necesario. Un terapeuta también puede ayudarte a reconocer tu propia alta sensibilidad como una ventaja. Gracias a su buena capacidad de reflexión, también se apoya siempre el trabajo sobre uno mismo.

Qué me pasa: explicaciones orientadas a los niños para la alta sensibilidad

CREA COMPRENSIÓN Y ACEPTACIÓN DE TI MISMO

Para que tu hijo aprenda a entenderse y a comunicarse mejor, es importante que le expliques qué significa la alta sensibilidad. En este capítulo encontrarás sugerencias sobre cómo abordar el tema con tu hijo. Céntrate en una visión positiva pero realista.

"Percibes más impresiones que otros niños. Pueden ser sentimientos, estados de ánimo, sonidos o incluso el tacto, por ejemplo. Tu superpoder es que percibes muchas cosas mucho más intensamente que otros niños y adultos. Sin embargo, si hay mucho de esto a la vez, puedes estar de mal humor y querer retirarte. Es difícil en la guardería y en el colegio si estás inquieto todo el tiempo porque oyes más ruidos que los demás niños. Incluso los ruidos silenciosos pueden distraerte a veces. En la escuela, puede ayudarte ir al servicio durante un breve descanso o, si lo acuerdas con tu profesor, colorear un poco aparte.

Si pasan muchas cosas en un día, estarás muy agotada por la noche. Entonces puedes probar qué te ayuda. A veces puede ser leer un libro o a veces dar un paseo al aire libre. Es diferente para cada persona y puedes descubrirlo por ti misma. Puede que incluso necesites descansar al día siguiente. Tener superpoderes no siempre es fácil y a veces puede ser agotador. Siempre puedes hablar de ello con tus padres o con una persona de confianza y explicarles cómo te sientes. A veces no quieres hablar en absoluto, sólo quieres que te abracen y te den mimos. Eso también está bien.

Si sientes que te estás inquietando por dentro, puedes retirarte. Podemos construir juntos un pequeño

retiro sólo para ti. Puedes acurrucarte allí y recargar las pilas. Tus sentimientos a veces pueden ser muy fuertes. Puedes tener sentimientos agradables, pero también sentimientos que no te hacen sentir bien. Sin embargo, todos los sentimientos son importantes y está bien que estén ahí en este momento. ¿Por qué no pruebas si la música o la pintura pueden ayudarte a comprender un poco mejor tus sentimientos y a dejarlos salir? Podemos hacerlo juntos, pero también puedes probarlo por ti mismo.

No todo el mundo conoce o entiende tus superpoderes. Si te gusta y tienes fuerza para ello, puedes explicárselo. Pero también habrá gente que simplemente no quiera entenderlo. No pasa nada si eso te duele y te molesta, a mí también me pasaría. Realmente sientes cómo se siente otra persona y quieres ayudarla cuando se siente mal. Pero recuerda que no todo el mundo tiene este superpoder y a veces no siente lo que tú sientes.

¿Te sientes diferente? ¡Ser diferente no siempre es malo! Hay muchos niños y adultos que son como tú. Además, eres un niño normal y tienes un talento especial del que los demás pueden estar celosos. Eres genial tal como eres y no te querría de otra manera".

Hay vídeos estupendos en Internet si necesitas más apoyo con la explicación. También puede ser útil mirar juntos libros infantiles que hablen de la alta sensibilidad.

El mensaje central aquí también debe ser que el niño está bien tal como es y que experimenta amor y aceptación incondicionales. Esto no sólo sienta las bases de tu relación, sino también de la relación de tu hijo consigo mismo.

INTERACCIÓN CON OTROS NIÑOS

Especialmente en la infancia, los niños intentan compararse y aprenden por imitación. Pueden darse cuenta de que otros niños no lloran tanto o de que las cosas nuevas les resultan más fáciles.

Los niños muy sensibles suelen tener la sensación de que no están bien y se avergüenzan porque son diferentes. A veces, todo el ajetreo del patio o del grupo es demasiado para ellos y se retraen. A veces se convierten en solitarios, aunque socializar en grupo con compañeros es muy importante en la infancia y la adolescencia. Así que, si es posible, intenta actuar como

puente entre tu hijo y los demás niños o sus padres para establecer contacto. Por ejemplo, sugiéreles jugar juntos para conocerse en un entorno más tranquilo.

Tu hijo no sólo necesita que le animéis vosotros como padres, sino también sus compañeros. Piensa en tu adolescencia. ¿Querías pasar mucho tiempo con tus padres y compartías con ellos tus típicos "problemas adolescentes"? Aquí todo el mundo quiere un mejor amigo, un aliado en el gran mundo que a veces puede dar bastante miedo.

Así que, si se han hecho amigos, refuerza el contacto sin estar siempre presente cuando el niño crezca. Esto refuerza su sentido de la autonomía, su autoeficacia y, sobre todo, sus habilidades sociales. Al confiar en que tu hijo haga esas pequeñas cosas por sí mismo, también puedes reforzar su capacidad para enfrentarse a situaciones nuevas. Así que ofrécele también nuevas actividades y posibles aficiones. Los juegos de rol son especialmente adecuados para los niños pequeños, ya que les ayudan a imaginarse a sí mismos en un mundo seguro que ellos mismos han creado. En este mundo, pueden probar nuevas situaciones en un entorno seguro. Esto también puede facilitarles la socialización con otros niños.

Como estas situaciones también son nuevas para tu hijo y es probable que le hagan sentirse inseguro, intenta prepararle bien de nuevo y repasa los posibles escenarios o incluso ensáyalos en un juego de rol.

El Dr. Ted Zeff, autor estadounidense, ha descubierto que puede ser muy útil que un niño muy sensible participe en un deporte de equipo. Un equipo deportivo suele crear un fuerte vínculo y las personas se comprometen unas con otras. Así que si a tu hijo le apetece probar diferentes deportes, apóyalo. La regulación física de la tensión y el sentimiento de solidaridad dentro del equipo pueden ser verdaderos "cambios de juego".

Para la interacción con otros niños, también puede tener sentido prepararse con libros infantiles.

10 pasos para una interacción más consciente conmigo misma y con mi hijo altamente sensible

1. Amor y aceptación incondicionales

Considera el amor y la aceptación incondicionales como la base de tu buena relación con tu hijo y dentro de tu familia. Debería ayudarte a generar confianza y a reforzar la autoestima de tu hijo. Señala "soy digno de ser amado incondicionalmente". Tu actitud básica debe ser que tu hijo no tiene que hacer ni conseguir nada para que le quieras y le aceptes de verdad. ¡No tiene que ganarse el amor! Debería ser la base fundamental de una relación de confianza.

Piensa en cómo te trataron de niño o cómo te gustaría que te hubieran tratado. ¿Qué harías diferente o igual? ¿Tenías la sensación de que tenías que rendir bien en la escuela y en la educación para recibir atención positiva y aprecio? ¿O quizá ni siquiera importaba qué tipo de atención hubiera sido? Recuerda que un niño sabe exactamente cómo llamar la atención. Puede que no lo hagan conscientemente, pero su subconsciente se lo exigirá. Sin embargo, a menudo esto ocurre a través de la atención negativa, porque si me comporto de la manera correcta, mamá reaccionará en cualquier caso, aunque sea regañándome. Entonces tiene ojos para mí.

Así que intenta evitarlo y acércate a tu hijo con amor incondicional y préstale atención para que no tenga que luchar por ella.

Con esta aceptación incondicional, también demuestras a tu hijo que tiene una autoestima alta y aprende a cuidarse y a tratarse bien.

2. Comunicación apreciativa

Con una comunicación apreciativa y benevolente, podemos construir sobre el amor y la aceptación incondicionales. Ofrece a tu hijo un espacio regular para comunicarse contigo. Sin embargo, ésta debe ser una oferta que tenga lugar sin presiones, pues de lo contrario probablemente no será utilizada. Sin embargo, con una relación de confianza, puedes crear las bases para que tu hijo acepte esta oferta y la aprecie.

La mejor forma de indicar que estás escuchando a tu hijo es integrar la escucha activa. Con un poco de práctica, resulta natural, incluso en la vida cotidiana. Siempre da a la otra persona la sensación de que estamos realmente interesados y no preguntando cómo le va por cortesía. Los niños muy sensibles lo perciben aún más rápidamente. En nuestra vida cotidiana, entre todos nuestros "quehaceres", a veces no tenemos tiempo ni nervios para una conversación detallada. E incluso si nos tomamos el tiempo necesario y estamos realmente interesados, a veces no lo conseguimos. Prueba la escucha activa y comprueba lo que puedes hacer personalmente.

Utiliza mensajes "yo" en lugar de mensajes "tú" y, sobre todo, en lugar de regañar. Explícale a tu hijo cómo te sientes y lo que te pasa por dentro. Los sentimientos no son un tema tabú, forman parte de nuestra vida cotidiana. Sobre todo con los niños muy sensibles, es importante mostrarles que todo el mundo tiene esos sentimientos y que los experimentan de forma más extrema o en otras situaciones. Pero ¡los sentimientos no tienen nada de malo!

3. Psicoeducación para los padres y el niño

Para aprender a manejar mejor tus propias emociones, pero también las de los demás, es importante saber qué ocurre en el cuerpo. Merece la pena mirar más de cerca e intentar comprender por qué ocurre algo y cómo. Ya puedes encontrar una explicación adaptada a los niños en este libro. Sin embargo, puedes intentar encontrar tu propia explicación con tus propias palabras. Tal vez un niño mayor también pueda explicar lo que le resulta difícil o por qué a veces es estresante. Tras una situación de crisis, también podéis reflexionar juntos y volver a hablar sobre las emociones implicadas. Es importante que los sentimientos no se consideren un tema tabú, sino que se hable de ellos abiertamente. Porque independientemente de que los abordemos o no, están ahí.

Para nosotros, como padres, el conocimiento de la alta sensibilidad nos ofrece la oportunidad de comprender mejor a nuestros hijos. Puede ayudar a reducir la desesperación que sentimos al sentirnos impotentes e indefensos, porque podemos aceptarlo mejor. También aprendemos mucho sobre nuestras emociones y sobre cómo manejarlas.

Los niños también pueden comprenderse mejor y aprender a aceptarse. Si comprenden que no pueden evitar sus peculiaridades, esto puede evitar sentimientos de culpa. Al interactuar con otros niños, pueden incluso ser capaces de explicar por qué a veces reaccionan de forma diferente. Así que no dudes en implicar a los niños de la guardería o del colegio si a tu hijo le parece bien. Sin embargo, asegúrate de no avergonzar involuntariamente a tu hijo.

4. Reforzar la autoestima fomentando habilidades e independencia

Como los niños muy sensibles suelen tener baja autoestima, debes intentar reforzarla lo antes posible en la vida cotidiana. Esto no significa que haya que elogiarles excesivamente por todo, sino que debes confiar en ellos y tener confianza en su capacidad para hacer las cosas de forma independiente.

Asigna a tu hijo tareas adecuadas a su edad de las que sea el único responsable (por ejemplo, poner la mesa, dar de comer a la mascota, etc.). Invertir tiempo al principio puede ser una situación beneficiosa para ambas partes. Te libera un poco más de tiempo y, sobre todo, una tarea menos, y tu hijo aprende a responsabilizarse y se siente orgulloso de su propia tarea.

Al desarrollar sus propios intereses, no sólo fomentas las habilidades de tu hijo, sino también su autoestima. Anima a tu hijo a probar cosas y a dedicarse a un hobby. Tu hijo debe poder desahogarse aquí, ya sea física, mental o creativamente. Las actividades que permiten a tu hijo desconectar y relajarse son individuales. Procura no comparar ni presionar.

5. Ángulo de los superpoderes

Nuestros hijos sólo aprenden de nosotros, aprenden por imitación. Para los niños, la realidad y la verdad es lo que les dicen sus padres. Por eso es tan importante la perspectiva de la alta sensibilidad. Puede influir muchísimo en cómo ves el mundo y, sobre todo, en cómo ves las características de tu hijo.

También hay libros o vídeos estupendos en Internet sobre la alta sensibilidad que la presentan de una forma adaptada a los niños. Hay una perspectiva en particular que se me ha quedado grabada: Tratarlas como superpoderes demuestra que son grandes rasgos. Pero incluso un héroe con superpoderes necesita tiempos muertos y espacios para recuperar el aliento. Así que moldea la visión que tus hijos tienen del mundo, pero sobre todo su visión de su alta sensibilidad. Esto también puede hacerse mediante juegos de rol, que los niños también pueden jugar en la guardería. Los niños pueden procesar mejor lo que sienten y absorben en su propio mundo.

Hablando de superpoderes: ¡tu superpoder es criar a tu hijo! No siempre es fácil y todos llegamos a nuestros límites. Pero lo hacemos lo mejor que podemos cada día y nuestros hijos lo notan. Y cuando miramos a nuestros hijos, vemos la razón por la que merece la pena luchar cada día. Al fin y al cabo, queremos que nuestros hijos se conviertan en adultos fuertes que conozcan su superpoder y su autoestima.

6. Proporcionar seguridad mediante estructura y coherencia

Crea seguridad mediante una estructura diaria regular. Cread juntos un plan diario de forma divertida. Hay formas estupendas de hacer un plan o comprar una plantilla en Internet. El niño puede crear sus propias citas para el día o dibujarlas y pegarlas en el plan general. Cuelga el plan en un lugar central donde pueda verse.

Esto también permite al niño mirar el plan de forma independiente y reconocer lo que viene a continuación gracias a la representación pictórica. Mediante rituales compartidos (por ejemplo, leer juntos un libro antes de acostarse), creas un vínculo en la familia y un entorno estable y seguro para tu hijo. Organizar el horario diario también podría convertirse en un ritual habitual. Por ejemplo, todos podrían hablar de su día durante la cena y luego discutir y planificar el día siguiente. También en este caso, reconoce los límites de tu hijo para que no se convierta en algo excesivo.

Recuerda que la coherencia facilita la vida cotidiana a largo plazo y que una línea clara en la crianza también da estabilidad al niño. Aunque a veces sea duro y no resulte fácil, la coherencia da sus frutos. Sin embargo, tú eres quien mejor conoce a tu hijo y sabrás reconocer cuándo es apropiado hacer una excepción. Cuando pensamos en nuestra infancia, a menudo recordamos las maravillosas excepciones que solían ser tan especiales sólo porque eran excepciones.

7. Más atención plena en la vida cotidiana y tiempos muertos

La alta sensibilidad puede ser estresante para todos, y eso vale para toda la familia. Tómate tiempo para recargar las pilas. Esto se aplica a tu hijo y también a vosotros como padres. Planifica estos descansos en tu agenda y en tu programa diario o semanal.

Necesitas relajarte tanto como tu hijo. Ellos necesitan tener la cabeza despejada en todo momento y eso no es posible cuando estás sometida a un estrés constante. Así que cuando tu hijo esté dormido, tómate un poco de tiempo. Si utilizas este tiempo para las tareas domésticas, seguirás bajo presión y tu hijo se despertará y tú volverás a no tener oportunidad de recargar las pilas.

Prueba cosas que puedan relajarte incluso con poco tiempo. Si sólo tienes media hora, puede que algunas cosas no merezcan la pena o te causen aún más estrés. Pero quizá puedas hacer una breve meditación con afirmaciones positivas. Busca métodos que puedas aplicar fácilmente en tu vida cotidiana y empieza poco a poco. No te presiones también en este caso, pero agradece el tiempo libre que te has tomado hoy. Siempre está bien hacer lo que estás haciendo hoy. Quieres hacerlo para hacer algo bueno por ti y no para crearte más estrés.

Prueba quizá a meditar o a hacer un ritual matutino o afirmaciones positivas para empezar el día con más atención y sin estrés. Sobre todo si no estás contento contigo mismo y dudas de si estás haciendo un buen trabajo, puede ser útil empezar el día con afirmaciones positivas o meditaciones guiadas. A algunas personas les resulta especialmente útil el yoga por la mañana para coger el impulso adecuado para el día, o por la noche para relajarse y desconectar. Un ritual matutino sencillo puede ser tomarte el primer café a solas y luego despertar a tu hijo. Prueba cosas nuevas y dales una oportunidad.

8. Tomarse un respiro en situaciones de crisis

No siempre tienes que reaccionar correctamente, ni puedes hacerlo. En una situación de crisis, nuestra reacción suele estar muy influida por nuestras emociones. Una vez superada la situación, a veces nos arrepentimos de no haberlo pensado antes. A menudo, el primer impulso de nuestro enfado es hacernos más fuertes o incluso gritar. Así que si tu hijo está haciendo algo que te enfada mucho, intenta apartarte de la situación.

Vete un momento a otra habitación, cierra los ojos y respira hondo. Recuerda siempre que tu hijo no quiere enfadarte y que normalmente ni siquiera quiere enfadarte conscientemente. Aunque sienta el impulso de enfadarte, hay una razón para ello y una necesidad detrás. Esta necesidad suele ser la atención. En este momento, date cuenta de que tu hijo no lo hace personalmente contra ti, sino que está expresando una necesidad y puede que todavía no sea capaz de expresarla de otra manera. Para poder expresar esta necesidad, primero tienes que reconocerla tú mismo, y esto no es fácil y requiere mucha atención y práctica. Así que intenta comprender a tu hijo en el momento y respira hondo. Con la cabeza más despejada, reaccionarás menos impulsivamente y evitarás la escalada.

Esto no siempre funcionará, y desde luego no al principio. Al principio, intenta tomar nota y hacer una breve pausa en la situación. Date tiempo. Cambiar de comportamiento a largo plazo puede ser difícil.

9. Desarrollar estrategias contra y en caso de demandas excesivas

En situaciones de crisis, a menudo ya no somos capaces de pensar con claridad. Por eso tiene sentido pensar qué estrategias podrían ser útiles en estas crisis cuando me encuentro bien. Debería haber algunas diferentes, porque no todas ayudan siempre. Cada día es diferente y el grado de agobio también puede variar. Estas estrategias nos ayudan a regular la intensidad, la duración y la calidad de nuestras emociones. El objetivo es evitar que estemos a merced de nuestras propias emociones y nos sintamos impotentes. Los padres son responsables de consolar y ayudar al niño, pero más adelante deberían ser capaces de hacer estas cosas por sí mismos. Por eso es importante desarrollar y practicar juntos estas estrategias.

En su libro "Hombres altamente sensibles", Tom Falkenstein describe formas de desarrollar estrategias que, por supuesto, son igual de útiles para las mujeres.

•Percibir conscientemente las emociones (¿Qué emociones estoy sintiendo en este momento?)

•Ser capaz de reconocer los desencadenantes (¿Cuál es exactamente el desencadenante? ¿Se produce siempre en esta situación?)

•Reconocer y aceptar las emociones (reconocer los sentimientos y tolerarlos, sin actuar inmediatamente; no pasa nada por sentirse así)

•Valorar las emociones como algo normal (Todo el mundo tiene sentimientos, está bien sentirse así).

•Reconocer la conexión entre las necesidades emocionales básicas y las emociones (siento ... porque necesito ...)

•Autoapoyo (tener compasión de ti mismo; imaginación: ¿Cómo hablaría con un amigo?)

•Autocalmarse (encontrar pensamientos alternativos y tranquilizadores "Todo irá bien")

•Cambios de comportamiento concretos en la situación (hacer conscientemente algo diferente; cambiar para mejorar la situación)

•Uso de la relajación física (relajación muscular consciente; ejercicios de respiración)

•Imaginación (viajes de fantasía; visualización de recursos).

Cuando desarrolles estrategias, es importante que tu hijo esté al mando y pueda decidir si le ayudas o no. En este caso, también puedes indicarle que confías en él y que no puede tomar una decisión equivocada porque él es el profesional de su cuerpo. Ofrécete a ayudarle en el proceso, pero, de nuevo, se trata de una oferta voluntaria que puede declinar.

10. Busca opciones de apoyo

Siente dentro de ti y prueba lo que te ofrece apoyo en la vida cotidiana. Construye una red, tanto en tu entorno privado con amigos como en un entorno profesional con opciones de apoyo de personal especializado. Está bien buscar apoyo, puedes facilitarte las cosas. Pregunta a los padres de un amigo de la guardería si tu hijo puede jugar con ellos esta tarde. Tú podrías ofrecer lo mismo a cambio. Y luego aprovecha el día para ti y recargar las pilas. Las niñeras también suelen ser una buena forma de tomarse un tiempo libre o hacer cosas con tranquilidad y así descargar parte del estrés. Si necesitas apoyo o un intercambio de ideas, busca personas afines en los foros de Internet. Sin embargo, debes asegurarte de que los foros y sitios web tienen un contenido positivo y no te influyen o agobian negativamente. Consigue apoyo mental aquí o de buenos amigos.

El apoyo profesional en forma de programas terapéuticos puede ser a largo o corto plazo. Sin embargo, el asesoramiento profesional o simplemente la confirmación por parte de especialistas de que lo estás haciendo todo bien también puede facilitar las cosas. Para ello, puedes acudir a centros de asesoramiento.

www.ingramcontent.com/pod-product-compliance
Lightning Source LLC
Chambersburg PA
CBHW031126160726

47989CB00016B/1764